AKKOOR OP DE PIANO

popsongs begeleiden zonder notenschrift

DEEL I: DRIEKLANKEN, SEPTIEMEN, GROOVES, ENZ.

Tijs Krammer
Akkoorden op de piano, deel 1

ISBN 9789083323107
NUR 666

Inhoudsopgave

Woordenlijst

App

Over dit boek

Met dit boek leer je op een vlotte manier nummers begeleiden op de piano. Je hoeft voor de lessen geen noten te kunnen lezen dus daar besteden we in dit boek ook geen aandacht aan. Je leert de akkoorden aan de hand van afbeeldingen, zoals:

Op deze manier leer je de akkoorden snel. Je zult zien dat je na een half uurtje al je eerste nummer kunt begeleiden.

Met elke les ben je ongeveer dertig tot vijfenveertig minuten bezig. Er zijn vier blokken met elk negen lessen. In totaal zijn er dus 36 lessen. In ieder blok leer je nieuwe akkoorden, nieuwe ritmische technieken en nieuwe nummers om te spelen.

Instrument

Het is niet de bedoeling dat je de akkoorden gaat spelen op een piano-app op een mobiel of een tablet. Je kunt dan niet echt goed horen wat je doet en je kunt de toetsen niet voelen. Zorg er dus voor dat je een echt instrument tot je beschikking hebt, liefst een piano of anders een keyboard.

Songs

In dit boek komen uiteenlopende nummers aan bod, zoals van Ed Sheeran, The Beatles, Alicia Keys, Queen en The Black Eyed Peas. Er zijn bekende songs uit verschillende stijlen en periodes gekozen. Alle nummers zijn een hit zijn geweest, dus de meeste nummers zullen je wel bekend zijn.

Om de lessen niet te lang te maken, behandelen we van elk nummer slechts een deel. Meestal is dat het refrein, dat is het meest herkenbare stuk, maar soms ook een ander gedeelte.

Als je een nummer in zijn geheel wil spelen, kun je de rest van de akkoorden zelf opzoeken op internet. In de derde les leer je hoe je dat kunt doen. De nummers zijn zo gekozen dat je geen akkoorden tegenkomt die je op dat moment nog niet kent.

Luisteren

Bij de lessen staan steeds verwijzingen naar korte geluidsfragmenten. Je kunt die vinden op de website *www.akkoordenopdepiano.nl/boek*.

Theorie

Om nummers te kunnen begeleiding op de piano, moet je weten welke toetsen je aan moet slaan voor de akkoorden. Maar het is ook handig om te weten hoe akkoorden in het algemeen zijn opgebouwd en om kennis te hebben van toonladders en toonsoorten. Daarom komt er in deze lessen ook de theorie aan bod.

Om die stof niet al te zwaar en saai te maken, wordt die steeds in kleine stukjes besproken, tussen de andere onderwerpen door. Als je daarbij een woord tegenkomt dat je niet begrijpt, kun je dat opzoeken in de woordenlijst achter in het boek.

Je kunt de neiging hebben om alleen te kijken naar de plaatjes en de tekst over te slaan. Toch is het beter om de stukjes theorie ook te lezen. Je gaat dan begrijpen hoe harmonieen zijn opgebouwd. Na een tijdje kun je dan zelf akkoorden maken en leer je om creatief te zijn aan de piano.

Veel plezier met het piano spelen!

Tijs Krammer

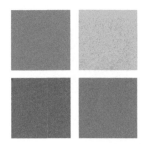

Blok 1

Les 1
Een eerste akkoord: C

We gaan beginnen met een eenvoudig akkoord waarbij je alleen witte toetsen gebruikt:

We noemen dit akkoord: C. Je slaat hiervoor drie toetsen aan. De meest linkse toets noemen we: *c*. (Je merkt dat we akkoorden schrijven met een hoofdletter en toetsen met een kleine letter.) Om de *c* te vinden, moet je letten op de zwarte toetsen. Op het toetsenbord zie je steeds groepjes van twee en drie zwarte toetsen. De *c* ligt net links van het groepje met twee zwarte toetsen.

Let erop dat je de *c* neemt die in het midden van het toetsenbord ligt. Boven de *c* staat het merk van de piano. (Daarom hebben we in de afbeeldingen het woord 'piano' neergezet.) Dit akkoord klinkt als volgt:

Basnoot

Het akkoord wordt voller en warmer als je een toets toevoegt die verder naar links ligt:

Deze toets aan de linkerkant noemen we eveneens: *c*. Je kunt zien dat die toets ook net links van een groepje met twee zwarte toetsen ligt.

De lage klanken die je met je linkerhand speelt noemen we: basnoten. In een band worden die gespeeld op basgitaar.

Sla de lage toets aan met je linkerhand en de drie hoge toetsen met je rechterhand. Speel in je rechterhand de drie toetsen met duim, middelvinger en pink. Dat voelt in eerste instantie misschien onhandig. Maar als je je dat nu aanwent, zal het wisselen tussen akkoorden straks makkelijker gaan.

In de afbeeldingen van de akkoorden geven we soms aan welke vingers je het beste kunt gebruiken. De cijfers 1 t/m 5 staan dan voor de vijf vingers, waarbij de 1 de duim aangeeft en de 5 de pink:

Ritmes

Met de linker- en rechterhand kun je verschillende ritmes maken. Laten we om te beginnen de rechterhand op elke tel aanslaan en de basnoot op de eerste en derde tel:

Je leest dit schema van boven naar beneden. Er zijn in dit geval vier tellen. Rechts van elke tel staat aangegeven welke toetsen je op dat moment aanslaat. De drie bolletjes die dicht bij elkaar staan geven de toetsen in je rechterhand weer en het losse bolletje de toets in je linkerhand. Je ziet in dit schema bijvoorbeeld dat je op de eerste tel alle vier de toetsen speelt en op de tweede tel alleen die in de rechterhand. Het ritme dat hier aangegeven staat, klinkt zo:

Hieronder staat een eenvoudig ritme dat veel wordt gebruikt:

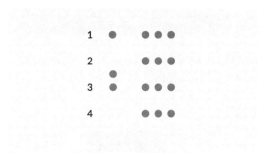

Je ziet in dit schema dat je de basnoot op de eerste en derde tel aanslaat, maar ook nog tussen de tweede en derde tel. Dit ritme klinkt als volgt:

Na elkaar

Een heel andere, lieflijkere klank ontstaat als je de toetsen na elkaar aanslaat van laag naar hoog, oftewel van links naar rechts:

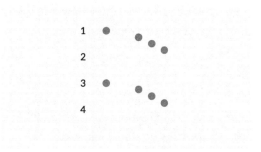

De akkoorden gaan dan zo klinken:

Les 2
Een tweede akkoord: Em

Je gaat nu een ander akkoord leren. Ook voor dit akkoord sla je alleen witte toetsen aan:

We duiden dit akkoord aan met: Em. De letter 'm' is een afkorting voor mineur. Je spreekt het akkoord dus uit als: 'e mineur'.

Het akkoord klinkt als volgt:

Je merkt dat het akkoord op dezelfde manier is opgebouwd als het vorige. Aan de rechterkant zit er tussen de toetsen die je aanslaat telkens één witte toets die je overslaat. Het akkoord zit in zijn geheel twee witte toetsen meer naar rechts dan het akkoord C. Met je linkerhand ga je eveneens twee witte toetsen naar rechts.

De toets die je in je linkerhand speelt en de laagste toets in je rechterhand noemen we: *e*.

Omhoog en omlaag

In de vorige les hebben we gezien dat op het toetsenbord de lage toetsen aan de linkerkant zitten en de hoge toetsen aan de rechterkant. Hoe verder je naar links gaat hoe lager de noten worden. Daarom noemen we een beweging naar links ook wel 'omlaag' en een beweging naar rechts 'omhoog'.

Twee akkoorden

Nu je twee akkoorden kent, kun je ze om en om spelen, zodat het al meer op een liedje gaat lijken. De afwisseling van de twee akkoorden klinkt zo:

Je kunt bijvoorbeeld acht tellen C spelen en daarna acht tellen Em, en dat steeds herhalen.

The Beatles

In de meeste nummers worden meer dan twee akkoorden gebruikt. Er is echter wel een leuk nummer van The Beatles met alleen de akkoorden Em en C, en dat is *Eleanor Rigby*. Hieronder staat een gedeelte van de tekst ervan met de akkoorden:

Em
Eleanor Rigby picks up the rice
   Em   C
In the church where a wedding has been
        Em
Lives in a dream

Met deze notatie bedoelen we het volgende. Vanaf de tekst *Eleanor Rigby* speel je het akkoord Em, aan het eind van de tweede zin op de tekst *has been* speel je het akkoord C, enzovoorts.

De akkoorden klinken op de piano zo:

Les 3
Een derde akkoord: G

Het wordt tijd om een volgend akkoord te leren:

Voor dit akkoord doe je met de rechterhand hetzelfde als bij de twee vorige akkoorden. Je schuift de hele hand vanaf Em eenvoudigweg twee toetsen naar rechts. In de linkerhand ga je echter niet twee toetsen omhoog, maar vijf toetsen omlaag. Het akkoord klinkt zo:

De toets die je in de linkerhand speelt noemen we: g. Dat is dus de toets die in het groepje van drie zwarte toetsen ligt, en dan de linker van de twee witte toetsen. In de rechterhand speel je ook een g met je duim.

Een nummer met drie akkoorden

Af en toe kom je een nummer tegen waarin maar drie akkoorden worden gebruikt. Met de akkoorden die je nu kent — C, Em en G — kun je *I gotta feelin'* van The Black Eyed Peas begeleiden. Hier is de tekst van het refrein ervan plus de akkoorden:

> G
> *I gotta feelin'*
> C
> *That to night's gonna be a good night*
> Em
> *That to night's gonna be a good night*
> C
> *That to night's gonna be a good, good night*

De begeleiding klinkt ongeveer zo:

Akkoorden opzoeken

De akkoorden van nummers kun je vaak vinden op internet. Zoek dan naar de artiest en de titel van het nummer plus het woord 'chords'. Je komt dan terecht op sites waar de akkoorden op dezelfde manier staan genoteerd als hierboven. Voor de volledige akkoorden van *I gotta feelin'* van The Black Eyed Peas zoek je dus naar: 'Black Eyed Peas I gotta feelin chords'.

Een goede website met akkoorden is bijvoorbeeld *www.ultimate-guitar.com*. (Laat je niet afschrikken door deze naam, de akkoorden zijn geschikt voor zowel gitaar als piano.)

Les 4
Het akkoord Em anders spelen

De akkoorden uit de voorgaande lessen, kun je ook op andere manieren aanslaan op de piano. Laten we eens kijken naar Em. Je hebt dat akkoord als volgt geleerd:

Je kunt echter de toets die je speelt met de pink van je rechterhand zeven witte toetsen naar links schuiven:

Als de andere toetsen hetzelfde blijven, kom je uit op het volgende akkoord:

De toets die je in de rechterhand bovenin speelde is zeven witte toetsen omlaag geschoven. Het is dus nu de laagste toets geworden in je rechterhand.

De twee versies van het akkoord Em klinken min of meer hetzelfde. De tweede versie is alleen iets donkerder:

▶ 4, 1

Beide versies zijn bruikbaar als je het akkoord in een nummer moet aanslaan. Let erop dat je in je rechterhand nog steeds de onderste toets speelt met je duim en de bovenste met je pink:

Overgangen tussen akkoorden

Als je het akkoord Em op deze nieuwe manier speelt, wordt de overgang tussen C en Em een stuk eenvoudiger. De bovenste twee toetsen zijn dan namelijk hetzelfde. Je hoeft in de rechterhand niet drie vingers te verplaatsen, maar slechts één.

Hieronder staan beide akkoorden nogmaals:

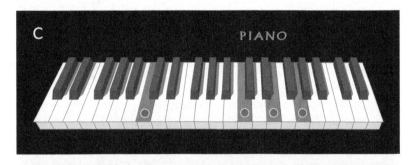

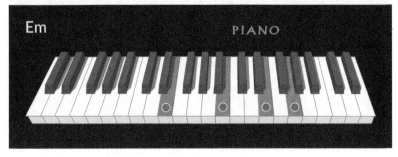

Om tussen de akkoorden te wisselen, hoef je in je rechterhand alleen je duim één toets te verplaatsen. De afwisseling tussen C en de nieuwe versie van Em klinkt zo:

Les 5
Andere manieren om G te spelen

We hebben gezien dat je Em op meerdere manieren aan kunt slaan. Dat geldt niet alleen voor Em, maar voor elk akkoord dat er bestaat. De verschillende manieren van spelen noemen we: liggingen.

Laten we ook kijken naar mogelijke liggingen voor het akkoord G. Tot nu toe heb je het akkoord als volgt gespeeld:

Hieronder staan twee andere mogelijke liggingen voor het akkoord:

In eerste instantie hebben we de toets die bovenin lag zeven witte toetsen naar beneden geschoven. Voor de onderste ligging hebben we datzelfde vervolgens nog een keer gedaan: de toets die op dat moment bovenin lag, is zeven witte toetsen omlaag geschoven.

De drie liggingen klinken als volgt:

In al deze liggingen is het handig om in je rechterhand de onderste toets met je duim aan te slaan en de bovenste toets met je pink. Bij de twee bovenste liggingen pak je de middelste toets met je middelvinger. In de onderste ligging pak je echter de middelste toon vanzelf met je wijsvinger:

Em en G

De laatste ligging van het akkoord G hierboven is in je rechterhand bijna hetzelfde als de ligging van Em die je in de vorige les hebt geleerd. Hier zijn beide akkoorden nog een keer, zodat je het verschil goed kunt zien:

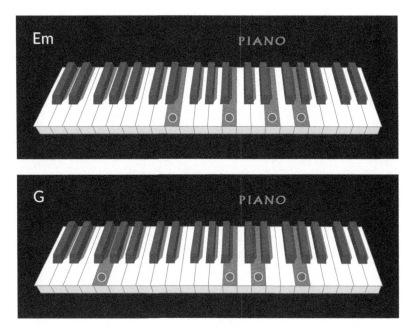

In de rechterhand sla je met duim en pink dezelfde toets aan. Alleen de middelste toets is anders. De akkoorden klinken in deze ligging zo:

Het wisselen tussen deze akkoorden wordt het makkelijkst als je in Em de middelste toets met je middelvinger speelt en in G met je wijsvinger. Je kunt dan alle vingers op de toetsen laten liggen en je slaat óf je middelvinger aan óf je wijsvinger.

Nieuwe liggingen

Neem de akkoorden van *I gotta feelin'* nu nog eens door, maar dan met de nieuwe manier van spelen. Je zult merken dat, als je de nieuwe liggingen in de vingers hebt, het wisselen tussen de akkoorden minder moeite kost.

Er is bovendien een ander groot voordeel van deze nieuwe manier van spelen. De overgangen tussen de akkoorden klinken mooier. Er veranderen telkens maar een paar tonen en daardoor worden de akkoordwisselingen soepeler en logischer.

Les 6
Een vierde akkoord: D

Je gaat nu een vierde akkoord leren, namelijk D. In dit akkoord speel je voor het eerst een zwarte toets:

Hieronder staat een andere ligging van het akkoord die je veel zult gebruiken. De bovenste toets is daarvoor weer zeven witte toetsen omlaag geschoven:

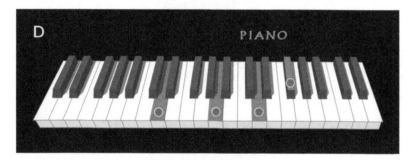

De twee verschillende liggingen klinken als volgt:

In de liggingen die je tot nu toe hebt geleerd, speelde je in de rechterhand de bovenste toets steeds met je pink. Maar in de laatste versie van het akkoord D wil dat niet zo goed. Wellicht vind je het in dit geval makkelijker om de hoogste toets met je ringvinger te pakken. Je pakt dan vanzelf de middelste toets met je wijsvinger:

Lorde

Met de akkoorden C, D en G kun je *Royals* van Lorde spelen:

<pre>
                        D
          And we'll never be royals
            D
          It don't run in our blood
                        C
          That kind of lux just ain't for us
                   G
          We crave a different kind of buzz
</pre>

De akkoorden klinken ongeveer als volgt:

De overgang tussen de akkoorden D en C is niet gemakkelijk. Er komen geen toetsen overeen en dus moet je alle vingers verplaatsen. De wisseling gaat het soepelst als je in het akkoord D de zwarte toets bovenin neemt. Sla je die toets aan met je ringvinger, dan kun je de pink alvast klaarzetten voor de bovenste toon van het akkoord C:

Eric Clapton

In *Wonderful tonight* van Eric Clapton gebruik je alle vier de akkoorden die je tot nu toe hebt geleerd, C, Em, G en D:

```
      C           D
And then she asks me
      G       Em
Do I look alright?
              C             D
And I say yes, you look wonderful
      G
Tonight
```

Deze liggingen zijn – net als in *Royals* – het makkelijkst aan te slaan als je in het akkoord D de zwarte toets bovenin neemt en in de andere akkoorden de toets die daar direct boven ligt.

De akkoorden kunnen zo klinken:

Les 7
De namen van de witte toetsen

We gaan nu nader kijken naar de namen van de toetsen. Maar eerst even het volgende: in de verdere lessen gebruiken we in plaats van het woord 'toets' meestal het woord 'toon'. Bij elke toets hoort immers een specifieke toon. Elke toets laat bij het aanslaan een toon klinken. Bij het spelen op de piano betekenen beide woorden min of meer hetzelfde.

Je hebt gemerkt dat we de tonen op de piano aanduiden met letters. De namen *c, e* en *g* zijn al langsgekomen. In de linkerhand heb je steeds de toon aangeslagen die de naam heeft van het akkoord. Bij het akkoord C sloeg je links *c* aan, bij Em de *e* en bij G de *g*. Voor het spelen van akkoorden is het dus belangrijk om de namen van de toetsen te kennen.

Je leert nu in eerste instantie de namen van de witte toetsen:

Voor de toetsen worden de letters *a* tot en met *g* gebruikt. Gek genoeg beginnen we de reeks toetsen meestal bij de *c* in plaats van de *a*, zoals je kunt zien in bovenstaande afbeelding. De letters *a* en *b* komen dan pas na de *g*. (De reden daarvoor is dat de namen al zijn bedacht in de Middeleeuwen en de gebruikte toonladders in de tussenliggende tijd zijn veranderd.)

Toonladder

Als je deze toetsen na elkaar aanslaat van laag naar hoog, hoor je een toonladder. De tonen *c* tot en met *b* klinken als volgt:

Je merkt dat de toonladder niet eindigt zoals je gewend bent. Het is gebruikelijk om aan het eind van de toonladder de *c* die boven de *b* ligt ook nog te spelen. De toonladder die doorloopt tot aan de klinkt zo:

We noemen dit: de toonladder van C-majeur. In latere lessen leggen we uit dat je ook toonladders kunt maken op andere tonen en dat er ook mineur toonladders zijn.

Octaaf

We hebben al gezien dat je in een akkoord een toon zeven witte toetsen omlaag mag schuiven. Je komt dan uit op een toon met dezelfde naam die hetzelfde klinkt (alleen wat donkerder). En dat betekent dat je op dezelfde manier tonen ook omhoog mag schuiven.

We noemen deze afstand waarover je tonen mag verschuiven: een octaaf. In de onderstaande afbeelding bijvoorbeeld liggen de twee toetsen — die allebei *g* worden genoemd — een octaaf uit elkaar:

De twee tonen klinken als volgt:

De toonladder van C-majeur die je zojuist hebt gespeeld loopt dus ook over een octaaf. De toonladder kun je als geheel weer een octaaf lager spelen. En vervolgens kun je nog weer een octaaf omlaag, enzovoorts. Dat klinkt dan zo:

De naam octaaf is afgeleid van het Latijnse 'octavus' dat 'achtste' betekent. De toon die een octaaf hoger ligt is immers de achtste toon van de toonladder. Hier is een ezelsbruggetje, voor als je het woord moeilijk onthoudt: een octopus heeft acht poten.

Les 8
Basnoten een octaaf verschuiven

We hebben gezien dat je in de rechterhand tonen octaven mag verschuiven. De klank van het akkoord wordt dan iets anders, maar de essentie van het akkoord verandert niet. Voor de basnoten die je in de linkerhand speelt geldt dat ook. Die tonen mag je ook een octaaf lager of hoger nemen.

Laten we eens kijken naar het akkoord G. Tot nu toe heb je dat akkoord gespeeld met de volgende toon in de linkerhand:

Je mag die toon echter ook een octaaf hoger pakken:

Basnoten afwisselen

Je mag dus in de linkerhand de basnoten een octaaf verschuiven. Op die manier kun je afwisseling creëren in de baslijn en ritmes maken. Bijvoorbeeld, je speelt op de eerste tel een lage basnoot en verderop de toon een octaaf daarboven:

Dat klinkt als volgt:

Pak bij het wisselen tussen de twee octaven de onderste toon met je pink en de bovenste met je duim. Je kunt dan beide vingers laten liggen op de toetsen en daardoor maak je weinig fouten:

Perfect

Laten we deze techniek eens toepassen in het nummer *Perfect* van Pink:

> G
> *Pretty, pretty please*
>   D
> *Don't you ever, ever feel*
>   Em
> *Like you're less than*
>   C
> *Fuckin' perfect*

Dit nummer heeft veel energie. Je kunt dat op de piano vertalen door de bas op elke tel te herhalen. Dat klinkt als volgt:

De baslijn wordt iets melodischer als je de lage en de hoge tonen afwisselt:

De pianopartij gaat dan als volgt klinken:

Je kunt op deze manier zelf verschillende lijnen in de linkerhand uitproberen en bedenken wat je het meest passend vindt in het nummer.

Les 9
Een vijfde akkoord: Bm

Hier is weer een nieuw akkoord, namelijk B-mineur:

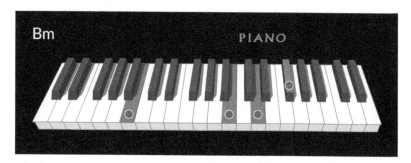

Je kunt het akkoord in de rechterhand ook wat lager nemen:

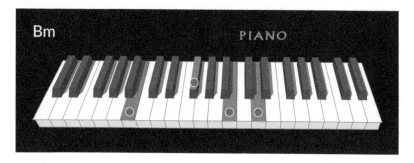

Merk op dat je in dit akkoord dezelfde zwarte toets speelt als in het akkoord D. De onderste ligging kun je gewoon pakken met duim, middelvinger en pink. De bovenste ligging echter gaat wellicht handiger met duim, wijsvinger en ringvinger:

Alicia Keys

Met de akkoorden Em en Bm kun je *Fallin'* van Alicia Keys spelen:

> Em   Bm
> *I keep on fallin' in and out*
>   Em   Bm
> *Of love with you*

Ritmisch gaat dit nummer anders dan de stukken die we hiervoor zijn tegengekomen. Je telt nu niet tot vier, maar tot zes. Er hoort daarbij nadruk te vallen op de vierde tel. Een manier om dat voor elkaar te krijgen is om het akkoord op de vierde tel iets harder aan te slaan dan op de andere tellen.

Verder klinkt het in dit nummer lekker om de bas aan te slaan op de eerste en zesde tel:

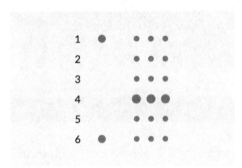

De begeleiding klinkt dan als volgt:

Overgangen

De wisseling tussen Em en Bm gaat eenvoudig als je bij beide akkoorden in je rechter-hand de *b* als laagste toon neemt. Als je dan in het akkoord Bm de zwarte toets met je ringvinger speelt, kun je je pink al klaarzetten voor het volgende akkoord.

Gebroken akkoorden

Als je *Fallin'* wat rustiger wilt laten klinken, kun je de tonen van de akkoorden na elkaar aanslaan. We noemen zo'n manier van spelen: gebroken akkoorden. Het ritme wordt dan als volgt:

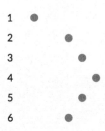

Op de vierde tel speel je de hoogste toon van het akkoord en daardoor krijgt die tel vanzelf wat nadruk. De gebroken akkoorden klinken zo:

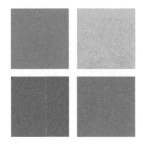

Blok 2

Les 10
De grondtoon, terts en kwint

We hebben in het vorige blok gezien dat je in de linkerhand meestal de toon speelt die dezelfde naam heeft als het akkoord. Bij het akkoord C sla je links de *c* aan, bij Em sla je links de *e* aan, enzovoorts. De toon die je tot nu toe in de linkerhand speelde, vormt de basis van het akkoord. Het is de toon waarop het akkoord is opgebouwd. We noemen deze toon: de grondtoon.

Laten we nog eens kijken naar het akkoord C:

De grondtoon van het akkoord is *c*. Daarnaast zijn er nog twee tonen, *e* en *g*. De *e* ligt twee witte toetsen boven de *c* en de *g* ligt daar weer twee tonen boven. Dit is de manier waarop alle akkoorden in essentie zijn opgebouwd: tussen de tonen van een akkoord zit telkens een toets die je niet speelt.

Terts en kwint

De tonen van het akkoord duiden we aan met cijfers. De middelste toon is in de toonladder de derde toon vanaf de grondtoon, dus die krijgt het cijfer 3. De hoogste toon is de vijfde toon vanaf de grondtoon, dus die krijgt het cijfer 5.

De 3 en de 5 worden meestal aangeduid met latijnse woorden. De 3 noemen we: de terts ('tertius' betekent 'derde' in het latijn). En de 5 noemen we: de kwint ('quintus' is 'vijfde' in het latijn):

Een akkoord bestaat dus uit de tonen 1-3-5. Later zullen we zien dat je die reeks nog verder uit kunt breiden, bijvoorbeeld naar de 7 en 9.

Tonen een octaaf verschuiven

In eerdere lessen heb je geleerd dat je in een akkoord tonen een octaaf mag verschuiven. Laten we daar nogmaals naar kijken, want het is belangrijk dat je dit goed begrijpt. (Misschien had je het al gesnapt, maar voor de zekerheid vertellen we het hier nog een keer.) Het akkoord C mag je in de rechterhand ook als volgt spelen:

De toon *g* is een octaaf naar beneden verschoven en is de laagste toon geworden in de rechterhand. Maar dat wil niet zeggen dat *g* nu de grondtoon van het akkoord is. De tonen die je speelt zijn dezelfde gebleven. De grondtoon van dit akkoord is nog steeds *c*, want de tonen *e* en *g* kun je opvatten als de terts en de kwint daarop:

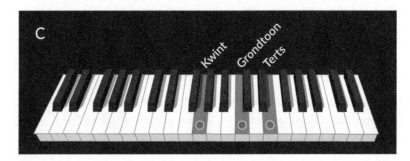

Als de *g* de grondtoon was, zou je de tonen *b* en *d* verwachten. Oftewel: bij het spelen van een akkoord doet het er niet toe in welke volgorde je de tonen speelt in de rechterhand. Het gaat erom wélke tonen je speelt.

Les 11
Verbindende basnoten

Tot nu toe heb je in de linkerhand van elk akkoord alleen de grondtoon aangeslagen. In het akkoord D heb je links een *d* gespeeld en in het akkoord G heb je links een g gespeeld, enzovoorts. Je kunt echter op de zesde ook andere bastonen pakken. Dat werkt vooral goed op de laatste tel. Je kunt de toon dan door laten lopen naar de grondtoon die je daarna speelt op de eerste tel.

Alicia Keys

We leggen dit uit aan de hand van *Fallin'* van Alicia Keys. Hier zijn de akkoorden daarvan nog een keer:

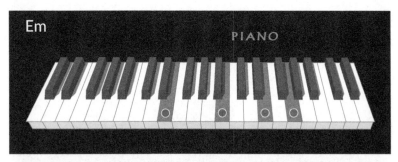

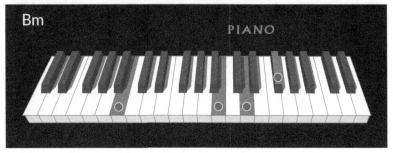

We hebben gezien dat basnoten in dit nummer logisch klinken op de eerste en zesde tel. Je hebt tot nu toe op beide tellen de grondtoon van het akkoord gespeeld. Je kunt echter op die tel ook de terts of de kwint spelen. Als je gaat van Bm naar Em, kun je bijvoorbeeld op de zesde tel *d* spelen in plaats van *b*. Dat is immers de terts van het akkoord Bm:

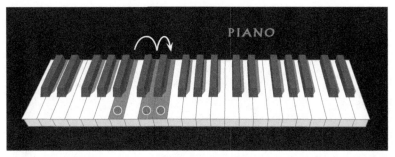

De pianopartij gaat dan als volgt klinken:

In plaats van de *d* kun je ook de zwarte toets uit het akkoord spelen. Dat is dus de zwarte toets uit het akkoord:

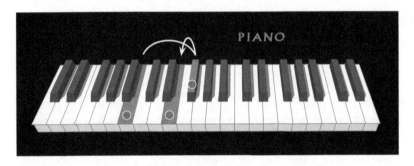

De begeleiding gaat dan zo klinken:

Je kent nu drie mogelijke tonen om in het akkoord Bm op de zesde tel te spelen. De begeleiding gaat het fijnst klinken als je afwisselt tussen de drie tonen.

Verbinding

We hebben hierboven gezien dat je in de linkerhand op de laatste tel tonen kunt spelen die leiden naar de grondtoon die je daarna speelt. Voor deze techniek bestaat er niet echt een term. We noemen ze hier: verbindende basnoten (omdat je een overgang maakt naar de grondtoon van een nieuw akkoord).

Niet geschikt

Lang niet alle tonen zijn geschikt om goed klinkende verbindingen mee te creëren. Het werkt over het algemeen goed om tonen te nemen die dichtbij de basnoot van het nieuwe akkoord liggen. Stel bijvoorbeeld dat je in Em de *fis* zou spelen die niet vlak boven de *e* ligt, maar een octaaf lager:

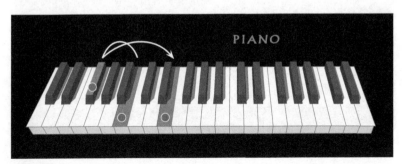

Dat klinkt zo:

Deze verbindende basnoot klinkt onlogisch, omdat de tussenliggende toon ver van de *e*
ligt die je op de eerste tel speelt en daar dus niet naartoe leidt.

Je kunt verbindende basnoten vergelijken met tussenstopjes die je op reis maakt. Als je
in je vakantie naar Spanje rijdt, kan het leuk zijn om onderweg nog een dagje Parijs te
doen. Het ligt echter minder voor de hand om een tussenstop te maken in Kopenhagen.
Die stad ligt immers niet op de route naar Spanje. In verbindende basnoten kun je op
dezelfde manier kleine tussenstopjes maken op de weg naar de nieuwe grondtoon.

Verklappen

Hier is nog een regel voor het maken van goede verbindende basnoten. Vermijd de
grondtoon van het volgende akkoord. Stel bijvoorbeeld dat je in het akkoord Em een
toon wilt spelen die leidt naar Bm. Je zou dan de kwint kunnen spelen van het akkoord,
oftewel de noot *b*:

Dat klinkt als volgt:

Deze verbinding klinkt onhandig omdat je de grondtoon van het volgende akkoord al
klinkt voordat het akkoord eigenlijk begint. Je hebt daarmee het volgende akkoord als
het ware al 'verklapt'.

Samenvattend: voor verbindende basnoten kun je het beste tonen gebruiken die dichtbij
de volgende grondtoon liggen, maar niet die grondtoon zelf.

Les 12
Verbindende basnoten in andere nummers

Laten we in een paar andere stukken die je inmiddels kent ook wat basloopjes toevoegen. Allereerst kijken we naar *I gotta feelin'*. In dat nummer gebruik je drie akkoorden, G, C en Em. Hier zijn de akkoorden van het nummer nogmaals. De liggingen die hier staan hebben allemaal de g bovenin:

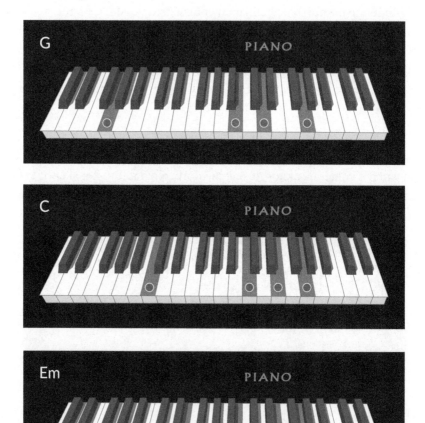

In dit nummer kun je ook verbindende basnoten toevoegen. In de overgang van G naar C kun je bijvoorbeeld de toon *b* spelen:

▶ 12, 1

Wonderful tonight

Je hebt geleerd om het refrein van *Wonderful tonight* te spelen, met de akkoorden C, D, G en Em. Hier is een versie van deze akkoorden met basloopjes:

In dit geval is er in het akkoord D aan het eind een *fis* gespeeld die naar het akkoord G loopt. En in Em is er een *b* gepakt voor het akkoord C.

Les 13
Een zesde akkoord: Dm

In het vorige blok heb je het akkoord D geleerd. Daarin zitten de tonen *d–fis–a*. Je speelt in dat akkoord één zwarte toets:

Je kunt op de toon *d* ook nog een ander akkoord bouwen, namelijk Dm:

In dit akkoord is er naast de *d* nog een toon hetzelfde als in D, namelijk *a*. Het verschil tussen de akkoorden ligt in de terts: in Dm speel je de toon *f* in plaats van *fis*. In het volgende muziekfragment hoor je beide akkoorden een paar keer na elkaar:

Maroon 5

Nu je het akkoord Dm kent, kun je *Sunday Morning* van Maroon 5 spelen:

C　　Dm G　C
That may be all I need

　　　　　　Dm　G　C
In darkness she is all I see

　　　　　　　Dm　G　　C
Come and rest your bones with me

　　　　　　　Dm
Driving slow on Sunday morning

　　G　　　　　C
And I never want to leave

Het akkoord Dm wordt hier gecombineerd met G en C. Het wisselen tussen die akkoorden gaat het gemakkelijkst als je bij Dm in de rechterhand de bovenste toon een octaaf lager speelt, zodat de *f* bovenin komt te liggen. Je hoeft dan in totaal minder vingers te verplaatsen om alle akkoorden te pakken:

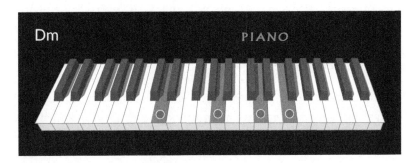

De akkoorden wisselen in dit nummer sneller dan in de vorige nummers. Je speelt hier twee tellen Dm, twee tellen G en dan vier tellen C.

De akkoorden kunnen als volgt klinken:

Les 14
Mineur en majeur akkoord

Je hebt inmiddels twee akkoorden geleerd die opgebouwd zijn op de toon *d*, namelijk Dm en D. We hebben gezien dat beide akkoorden dezelfde kwint hebben en dat is de toon *a*. Het verschil zit hem in de terts, in Dm zit een *f* en in D zit een *fis*.

Het akkoord Dm is een mineur akkoord. Het akkoord D is een majeur akkoord. Een mineur akkoord herken je dus aan de 'm' die erbij staat. Als die letter er niet bij staat, gaat het om een majeur akkoord.

De twee akkoorden klinken achter elkaar als volgt:

Afstanden

We hebben al gezien dat de tonen van akkoorden steeds een witte toets overslaan. Tussen de grondtoon en de terts sla je een toon over, en tussen de terts en de kwint ook. Maar we hebben de opbouw van akkoorden daarbij te eenvoudig voorgesteld. Het zit namelijk eigenlijk iets ingewikkelder. Je moet namelijk ook rekening houden met de zwarte toetsen die tussen de tonen liggen.

Voor de werkelijke afstand tussen de grondtoon en de terts moet je kijken naar het totaal aantal witte en zwarte toetsen. Laten we nogmaals kijken naar het akkoord Dm:

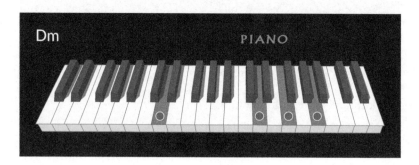

Als je goed kijkt zitten er tussen *d* en *f* twee toetsen die je overslaat, één zwarte en één witte.

Laten we nu kijken naar de precieze afstand in het akkoord D:

Tussen *d* en *fis* zitten drie toetsen die je overslaat, één zwarte en twee witte.

De kleine en grote terts

Deze twee verschillende afstanden noemen we de kleine terts en de grote terts. De twee tertsen klinken als volgt:

Samenvattend: een mineur akkoord heeft een kleine terts en een majeur akkoord heeft een grote terts. Op dezelfde manier als we hierboven zagen bij D en Dm, kun je op elke willekeurige toon een mineur en een majeur akkoord creëren. Naast C bestaat er dus ook Cm. Van Em is er ook een majeur variant, namelijk het akkoord E, enzovoorts.

Het is een goede oefening om bij de akkoorden die je tot nu toe hebt geleerd de afstand tussen de grondtoon en de terts na te lopen. In het akkoord C is *c–e* een grote terts en in G is *g–b* dat ook. In Em is *e–g* een klein terts en in Bm *b–d* eveneens.

Een akkoord omzetten

Je weet nu hoe je van een majeur akkoord een mineur akkoord maakt. Je neemt de terts één toets lager (waarbij je rekening houdt met zwarte én witte toetsen). Probeer maar eens vanuit C het akkoord Cm te maken en vanuit G het akkoord Gm. En omgekeerd kun je nu van een mineur akkoord een majeur akkoord maken. Je verschuift de terts eenvoudigweg één toets omhoog. Oefen dit door de akkoorden B en E af te leiden.

Les 15
Een zevende akkoord: F

Hier is een volgende akkoord om te leren:

Je zult dit akkoord meestal lager spelen, zoals in één van de volgende liggingen:

De drie liggingen klinken als volgt:

In de bovenste twee liggingen pak je de middelste toon zoals gebruikelijk met je middelvinger. In de laatste ligging is het logischer om de middelste toon te spelen met je wijsvinger:

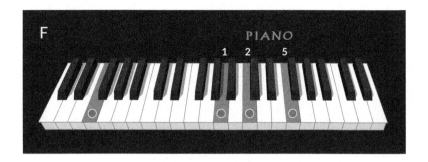

Sheryl Crow

Met de akkoorden C, G en F kun je *The first cut is the deepest* van Sheryl Crow begeleiden:

```
     C   G      F     G
The first cut is the deepest, baby I know
     C   G      F    G
The first cut is the deepest
             C       G       F    G
When it comes to being lucky she's cursed
         C          F       G
When it comes to lovin' me she's worse
```

Stevige groove

We hebben in Blok 1 gezien dat het in veel popnummers lekker klinkt om de bas te her-halen tussen de tweede en derde telen. In *The first cut is the deepest* past dat ritme niet zo goed. Dit nummer vraagt om een stevigere groove. Het werkt hier beter om een basnoot direct na de derde tel te spelen in plaats van ervoor:

De akkoorden klinken dan min of meer als volgt:

Les 16
Meer ritmes

Met de akkoorden C, F en G kun je ook *You don't know you're beautiful* van One Direction spelen:

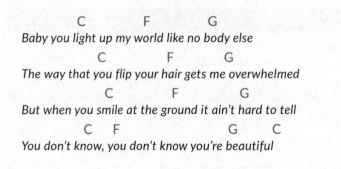

In dit nummer klinkt er een catchy ritme in de bas. De toon *c* wordt gespeeld op de eerste tel en daarna tussen de tweede en derde tel. Ditzelfde ritme wordt vervolgens herhaald op de andere akkoorden.

De baslijn klinkt het meest logisch als je bij het akkoord C in de linkerhand de lage *c* pakt:

(Let op, dit is niet de laagste *c* die er op de piano zit, maar de toon die twee octaven onder de *c* in je rechterhand ligt.)

Voor de tonen *c*, *f* en *g* in de linkerhand, kun je het beste de pink, wijsvinger en duim gebruiken. Je kunt dan de vingers op de toetsen laten liggen en op die manier kun je de lijn na enige oefening spelen zonder te kijken:

Ritmes

Laten we ons eerst richten op de linkerhand. Na acht tellen stopt de bas even. Je zou daarom de baslijn als volgt kunnen spelen:

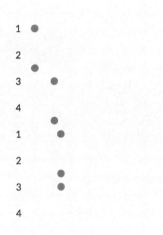

Deze baslijn klinkt als volgt:

Het stopje wordt nog leuker als je op die plek de g op de vierde tel weglaat:

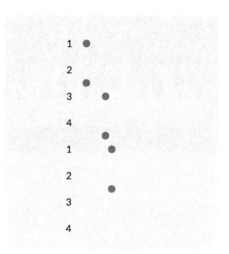

Dan klinkt de baslijn zo:

Nadat je de baslijn een tijdje geoefend hebt, kun je de rechterhand erbij gaan spelen. Als je de akkoorden in de rechterhand op elke tel aanslaat, komt de baslijn minder goed tot zijn recht. Beter werkt het om de rechterhand alleen aan te slaan op de tweede en vierde tel:

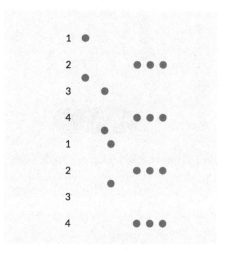

Die laatste versie klinkt als volgt:

Les 17
Een achtste akkoord: Am

Je gaat weer een nieuw akkoord leren:

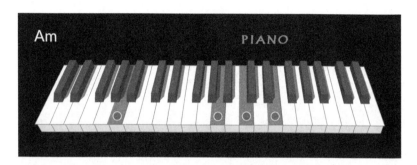

Hieronder staat een andere ligging van het akkoord. In dit geval is de onderste toon een octaaf omhoog geschoven:

Bovenstaande liggingen klinken als volgt:

Rihanna

Nu je het akkoord Am kent, kun je het nummer *Diamonds* van Rihanna begeleiden:

```
        F    Am       G
So shine bright tonight, you and I
   G           Em          F
We're beautiful like diamonds in the sky
      Am    G
Eye to eye, so alive
   G           Em          F
We're beautiful like diamonds in the sky
```

In zowel het akkoord F en Am zitten de tonen *a* en *c*. In de overgang daartussen hoef je dus maar één toon te verplaatsen.

Stel dat je ervoor kiest om in het akkoord F de *f* bovenin te spelen. Dan kun je voor het akkoord Am je duim en wijsvinger laten staan. Het is dan handig om de *e* te spelen met de ringvinger:

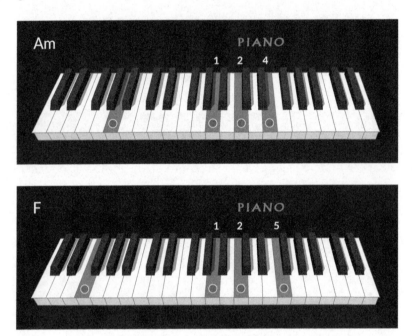

Speel je de akkoorden in deze liggingen, dan klinkt dat als volgt:

Bas op elke tel

Een ritme dat passend kan zijn in dit nummer is om de bas elke tel aan te slaan, maar de akkoorden in de rechterhand alleen op het moment dat het akkoord wisselt:

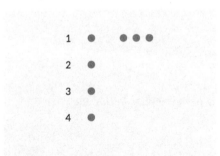

De begeleiding klinkt dan als volgt:

Jordan Sparks

Er zijn veel nummers waarin vier akkoorden worden gebruikt. En de combinatie van de akkoorden C, F, G en Am kom je vaak tegen. Een voorbeeld daarvan is *No air* van Jordan Sparks:

```
    G                                          F
Tell me how I'm supposed to breathe with no air?
                            Am
Can't live, can't breathe with no air
                                    C
That's how I feel whenever you ain't there
        G
It's no air, no air
```

Ritme

In *No air* werkt het goed om basnoten tussen de tellen in te spelen. Je zou bijvoorbeeld het volgende ritme kunnen spelen:

Je speelt hierbij geen basnoot op de derde of vierde tel, maar wel tussen de derde en vierde tel en na de vierde tel.

Het geheel gaat dan zo klinken:

Les 18
Een nummer hoger of lager spelen

Het gebeurt vaak dat een nummer te hoog of te laag ligt om lekker te zingen. Je zult dan de akkoorden moeten verschuiven naar een hoogte die wel past.

Stel dat een zangeres het nummer *Fallin'* van Alicia Keys wil zingen, maar dat het origineel voor haar een beetje te hoog ligt. Je kunt de akkoorden dan iets omlaag schuiven. Je moet er daarbij natuurlijk wel voor zorgen dat je alle akkoorden precies dezelfde afstand verplaatst (waarbij je rekening houdt met de witte én de zwarte toetsen).

Hier zijn de akkoorden van het origineel nog een keer:

<blockquote>
Em   Bm
I keep on fallin' in and out
   Em   Bm
Of love with you
</blockquote>

Iets lager dan de toon *e* ligt bijvoorbeeld *d*. Tussen *e* en *d* zit één (zwarte) toets. We noemen die afstand: een hele toon. We zeggen dus dat Dm een hele toon lager ligt dan Em. Het akkoord Bm moet je in dat geval ook een hele toon lager nemen. Je komt zo uit op Am. Dat betekent dat je het nummer ook kunt begeleiden met Dm en Am:

<blockquote>
Dm   Am
I keep on fallin' in and out
   Dm   Am
Of love with you
</blockquote>

De lagere versie klinkt als volgt:

Eleanor Rigby hoger spelen

In het voorbeeld dat we hierboven hebben besproken, heb je de akkoorden een klein stukje verschoven. Het kan ook voorkomen dat het nodig is om het nummer een flink stuk hoger of lager te spelen. Stel bijvoorbeeld dat je zangeres *Eleanor Rigby* wil zingen.

De akkoorden van het origineel zijn dan zeker niet geschikt. Bij de Beatles wordt het nummer immers door een man gezongen. Die versie ligt voor je zangeres duidelijk te laag.

Om *Eleanor Rigby* geschikt te maken voor een vrouwenstem moet je de akkoorden dus een behoorlijk stuk hoger nemen. De originele akkoorden voor het nummer zijn Em en C:

<pre>
    Em
Eleanor Rigby picks up the rice
    Em   C
In the church where a wedding has been
            Em
Lives in a dream
</pre>

We kiezen een mineur akkoord dat ongeveer een half octaaf hoger ligt dan Em, namelijk Am. Tussen *e* en *a* liggen twee witte toetsen en twee zwarte, dus in totaal vier toetsen. We noemen die afstand: een kwart. We moeten het akkoord C dus ook een kwart hoger nemen. Een kwart boven *c* ligt *f*. Dat betekent dat je *Eleanor Rigby* ook kunt begeleiden met de volgende akkoorden:

<pre>
    Am
Eleanor Rigby picks up the rice
    Am   F
In the church where a wedding has been
            Am
Lives in a dream
</pre>

De akkoorden klinken dan zo:

Mocht deze versie nog steeds iets te laag liggen, dan kun je beide akkoord opnieuw een hele toon omhoog leggen:

```
     Bm
Eleanor Rigby picks up the rice
     Bm                                    G
In the church where a wedding has been
          Bm
Lives in a dream
```

Deze laatste versie klinkt als volgt:

Andere hoogtes op internet

Je hebt in deze les geleerd dat de akkoorden van nummers verschoven kunnen worden. Als je op internet de akkoorden opzoekt, vind je soms ook versies die niet overeenkomen met de originele akkoorden. Blijkbaar heeft iemand dan de akkoorden op internet gezet die geschikt zijn voor dat moment.

Soms staat er bij de akkoorden aangegeven wat de hoogte van de origineel is. Om erachter te komen of de gevonden akkoorden hetzelfde zijn als in het origineel, speel je gewoon een stukje mee op de piano. Als het raar klinkt, moet je op zoek naar een andere versie.

Blok 3

Les 19
Een negende akkoord: Gm

Je hebt in de afgelopen blokken twee akkoorden leren kennen waarin een zwarte toets voorkomt. Hier is nog een derde akkoord met een zwarte toets. Ditmaal gaat het om een mineur akkoord, Gm:

De zwarte toets in dit akkoord noemen we: *bes*. (Een paar lessen verderop ga je de namen leren van alle zwarte toetsen.)

Je speelt meestal een lagere ligging van dit akkoord, zoals één van de volgende:

De drie liggingen van Gm klinken als volgt:

In de versie waarbij de *bes* bovenin ligt, kun je die toets het beste met je ringvinger pakken en de middelste toon met je wijsvinger:

Abba

Met het akkoord Gm kun je nu de begeleiding van *The winner takes it all* van Abba spelen:

F
The winner takes it all
            Dm
The loser's standing small
     Gm
Beside the victory
       C
That's her destiny

Je kunt er in dit nummer voor kiezen om hier de akkoorden gewoon op elke tel te spelen:

Het nummer krijgt echter een mooiere sfeer als je de tonen van de akkoorden na elkaar aanslaat van laag naar hoog:

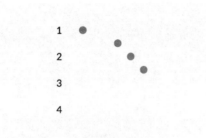

De begeleiding klinkt dan zo:

Merk op dat de gebroken akkoorden het mooist klinken als je de toetsen die je hebt aangeslagen ingedrukt houdt. Nadat je de vierde toon gespeeld hebt gespeeld, klinken alle tonen dus samen. Op de vierde tel (of iets daarna) laat je alle toetsen tegelijkertijd weer los.

Les 20
Een tiende akkoord: Bb

Je hebt inmiddels negen akkoorden geleerd. Op elke witte toets ken je nu tenminste één akkoord dat daarop is gebouwd: C, D, Em, F, G, Am en Bm. Akkoorden kunnen echter ook een zwarte toets als grondtoon hebben. Laten we als voorbeeld kijken naar het akkoord Bb:

In de vorige les zagen we al dat de zwarte toets van dit akkoord *bes* heet. Het akkoord Bb heeft die toon als grondtoon en daarom spreken we dit akkoord uit als 'bes'.

De bovenstaande ligging van het akkoord is door de zwarte toets niet zo eenvoudig te pakken. De volgende ligging, met de grondtoon in de rechterhand in het midden, is eenvoudiger te spelen:

De twee bovenstaande liggingen van Bb klinken zo:

Notatie

Waarom duiden we dit akkoord aan met Bb en niet met Bes? Deze manier van noteren is afkomstig uit het Amerikaans en is in andere landen overgenomen. In het Engels wordt een verlaging van een toon niet aangegeven met het achtervoegsel '-*es*', maar met een mol. Eigenlijk hoort een mol er zo uit te zien: ♭. Maar omdat dat teken niet op het toetsenbord zit, wordt er vaak gewoon een letter *b* gebruikt.

Een 'b' geeft dus een verlaging van een toon aan. Bijvoorbeeld, de grondtoon van het akkoord Eb is de toon *es* en van Gb is het de toon *ges*.

Voor het aangeven van een verhoging wordt een kruis gebruikt. De grondtoon van het akkoord C# is dus de toon *cis* en van F# is het de toon *fis*.

Avril Lavigne

Met het akkoord Bb kun je *Complicated* van Avril Lavigne begeleiden:

```
    Dm                        Bb        C
    Why'd you have to go and make things so complicated?
      C           Dm                    Bb          C
    I see the way you're acting like you're somebody else gets me frustrated
      C           Dm
    Life's like this and you fall
          Bb          C
    And you crawl and you break and take what you get
      Gm                              Bb
    Honestly, you promised me I'm never gonna find you fake it
```

Ritmisch klinkt het lekker om het nummer als volgt te spelen:

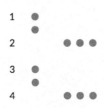

Je speelt basnoten op de eerste tel en direct daarna tussen de eerste en tweede tel. Vanaf de derde tel herhaal je dat ritmische figuur. Het klinkt daarbij fijn om de akkoorden in de rechterhand alleen op de tweede en vierde tel te spelen in plaats van op elke tel. Samen klinkt dat dan als volgt:

Jessie J

Met de akkoorden die je tot nu toe hebt geleerd, kun je ook *Price tag* van Jessie J spelen:

F
It's not about the money, money, money
Am
We don't need your money, money, money
Dm
We just wanna make the world dance
Bb
Forget about the price tag

Als je hier hetzelfde ritme speelt als in *Complicated* speelt, dan klinkt het zo:

Les 21
Korte tonen in de bas

In de vorige les heb je *Complicated* van Avril Lavigne leren spelen. Je hebt daarbij een relatief eenvoudig ritme gespeeld. Je kunt het nummer ritmisch nog lekkerder maken door korte basnoten toe te voegen vlak voor de derde tel:

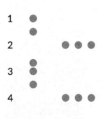

Deze versie klinkt dan bijvoorbeeld zo:

In het bovenstaande ritme moet je twee noten vlak na elkaar spelen. Dat lukt niet als je twee keer dezelfde toets aanslaat. Je krijgt het wel voor elkaar als je twee verschillende tonen gebruikt.

Je komt dat probleem tegen in *Complicated*, bij het akkoord C. Daar klinkt vier tellen lang hetzelfde akkoord. In het volgende geluidsfragment is voor de korte toon de *g* genomen die onder de *c* ligt:

Jessie J

In *Price tag* van Jessie J kun je hetzelfde ritme spelen als hierboven is beschreven. Maar de groove wordt daarin nog lekkerder als je na de korte toon die vlak voor de tel valt een stilte laat vallen. Daarmee bedoelen we dat je de toon die net voor de tel komt speelt, maar dat je op de tel zelf niets speelt.

Het ritme ziet er dan zo uit:

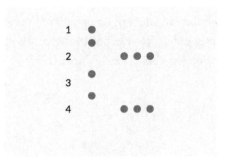

Dit ritme klinkt als volgt:

Merk op dat de derde noot in de bas niet halverwege de twee en derde tel valt, maar vlak voor de derde tel.

Les 22
De namen van de zwarte toetsen

Je hebt in blok de namen van de witte geleerd. Het wordt tijd om de namen van de zwarte toetsen te leren kennen. Het vreemde is dat elke zwarte toets twee namen heeft. In deze les wordt uitgelegd hoe dat zit.

De namen van de zwarte toetsen zijn afgeleid van de witte toetsen waar ze naast liggen. Laten we als voorbeeld kijken naar de volgende toon:

Deze toets ligt direct boven de *a*. Daarom noemen we de toets: 'ais'. (Achter de *a* is de uitgang '-*is*' gekomen.) We kunnen deze toets echter ook nog op een andere manier aanduiden. De toets ligt direct onder de *b*. Daarom noemen we de toets ook: *bes*. (Achter de *b* is de uitgang '-*es*' gezet.)

Oftewel: als je achter de naam van een toets '-*is*' zet, verschuift de toets een halve toon omhoog. De zwarte toets die direct boven de *c* ligt noemen *cis*, de toets direct boven *d* noemen we *dis*, enzovoorts. De zwarte toetsen krijgen op deze manier de volgende namen:

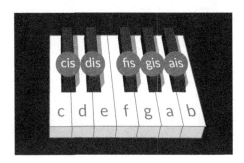

Om tonen omlaag te schuiven, plak je er '-es' achter. De zwarte toets direct onder *d* noemen we *des*, de toets onder *e* heet *es*, enzovoorts. Op deze manier krijgen zwarte toetsen de volgende namen:

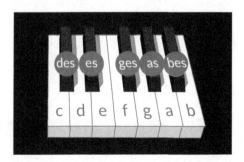

Merk op dat we gewoon 'es' zeggen in plaats van 'e-es' en 'as' in plaats van 'a-es'

Wanneer welke naam?

De naam die je voor een zwarte toets gebruikt, is afhankelijk van de opbouw van het akkoord. Laten we kijken naar de akkoorden G en Gm:

In het akkoord G zit de toon *b*. In het mineur akkoord zit een zwarte toets die daarvan afgeleid is. Die noemen we dus *bes* en niet *ais*.

Hier is nog een ander voorbeeld, met de akkoorden Dm en D:

In het akkoord Dm zit de toon *f*. In het akkoord D is die toon omhoog geschoven. (In muzikale termen zeggen we dan dat de *f* verhoogd is.) In dit akkoord noemen we de zwarte toets daarom *fis* in plaats van *ges*.

Les 23
Hele en halve tonen

We hebben al gezien dat de toetsen op het toetsenbord ook wel tonen worden genoemd. Hetzelfde woord 'toon' wordt ook gebruikt om afstanden tussen toetsen aan te geven. (Dat is verwarrend, maar het is helaas niet anders.)

Als twee toetsen direct naast elkaar liggen, noemen we de afstand ertussen: een halve toon. Ligt er tussen twee toetsen één toets, dan noemen we die afstand: een hele toon.

Hier zijn wat voorbeelden van halve tonen:

Tussen *e* en *f* zit geen andere toets en dus ligt *f* een halve toon boven *e*. Tussen *c* en *cis* zit geen andere toets, dus *cis* ligt een halve toon boven *c*. De *bes* ligt direct onder *b*, dus de afstand tussen daartussen is ook een halve toon.

En hier zijn voorbeelden van hele tonen:

Tussen *g* en *a* ligt één (zwarte) toets, dus de afstand daartussen is een hele toon. Tussen *e* en *fis* zit één (witte) toets, dus deze liggen een hele toon van elkaar af. En de afstand *cis–dis* is ook een hele toon.

Toonladder

We hebben in een eerdere les gekeken naar de toonladder die bestaat uit de witte toetsen. We hadden al even genoemd dat dit de toonladder van C-majeur is:

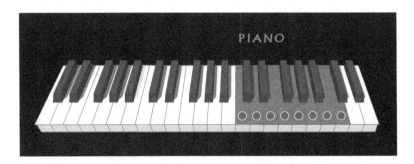

Tussen de opeenvolgende tonen van de toonladder zit soms een hele toon en soms een halve toon. Er komt tweemaal een halve toon voor, namelijk *e–f* en *b–c*. Tussen de andere toetsen zit een hele secunde. Achtereenvolgens zit er tussen de tonen van de toonladder een hele, een hele, een halve, een hele, een hele, nog eens een hele en een halve toon. Kort gezegd: heel–heel–half–heel–heel–heel–half:

Later zullen we zien dat je op elke willekeurige toon een majeur toonladder kunt maken en dat de afstanden tussen de opeenvolgende tonen dan hetzelfde zijn als in de bovenstaande ladder.

Les 24
Een elfde akkoord: A

Je leert nu een volgend akkoord leren met een zwarte toets. In het akkoord A zit de toon *cis*:

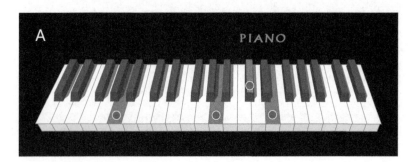

Hieronder staan twee andere liggingen van het akkoord:

De drie liggingen van het akkoord klinken als volgt:

Wham!

Met het akkoord A kun je nu *Last Christmas* van Wham! begeleiden:

    D
Last Christmas I gave you my heart
       Bm
But the very next day you gave it away
     Em
This year to save me from tears
     A
I'll give it to someone special

De akkoorden kunnen als volgt klinken:

In dit geluidsfragment is het volgende ritme gespeeld:

1 ●   ● ● ●

2 ●

        ● ● ●

3 ●

4 ●

Non Blondes

Laten we naar een ander nummer kijken waarin je akkoord A gebruikt, *What's up* van 4 Non Blondes:

   C
And I said hey, hey
   C
I said hey, what's going on?

What's up is behoorlijk langzaam, maar heeft een stevige groove. Daarvoor klinkt het goed om in dit nummer de basnoten vaak te herhalen. Je zou het ritme in beide handen bijvoorbeeld als volgt kunnen spelen:

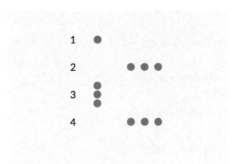

Je speelt de bas niet precies halverwege tussen de tweede en derde tel of halverwege de derde en vierde tel. In plaats daarvan speel je een basnoot vlak voor de derde tel en dan direct na de derde tel ook weer. Dat klinkt als volgt:

Les 25
Een twaalfde akkoord: F#m

Je gaat nu voor het eerst een akkoord leren waarvan de grondtoon een verhoogde toets is, namelijk F#m:

We spreken dit akkoord uit als: 'fis-mineur', omdat de grondtoon van het akkoord *fis* is. Je kunt het akkoord in de rechterhand ook lager pakken:

De drie versies van het akkoord klinken zo:

Plain White T's

Met het akkoord **F#m** ben je in staat om *Hey there Delilah* van The Plain White T's te begeleiden:

```
    D                       F#m
Hey there Delilah, what's it like in New York City?
    D                           F#m
I'm a thousand miles away, but girl tonight you look so pretty
  Bm
Yes you do
  G               A           Bm
Time Square can't shine as bright as you
            A
I swear it's true
```

In de originele uitvoering worden de akkoorden op de gitaar gespeeld. Daarbij klinkt de basnoot steeds op de tel en de rest van het akkoord tussen de tellen in. Je kunt dat op de piano proberen te imiteren:

Les 26
Nogmaals The Black Eyed Peas

Laten we opnieuw kijken naar *I gotta feelin'* van The Black Eyes Peas. In één van eerste lessen heb je daarvan de volgende akkoorden geleerd:

```
                G
I gotta feelin'
                C
That tonight's gonna be a good night
               Em
That tonight's gonna be a good night
                C
That tonight's gonna be a good, good night
```

Je hebt inmiddels aardig wat akkoorden erbij geleerd. Met de nieuwe akkoorden ben je in staat om het nummer zowel hoger als lager te spelen. Met de akkoorden F, Bb en Dm kun je het hele nummer een hele toon lager spelen:

```
                F
I gotta feelin'
               Bb
That tonight's gonna be a good night
               Dm
That tonight's gonna be a good night
               Bb
That tonight's gonna be a good, good night
```

De verlaagde versie klinkt als volgt:

 ▶ 26, 1

Hoger

Omdat je inmiddels de akkoorden F#m en A ook kent, kun je de originele akkoorden ook een hele toon hoger spelen:

A
I gotta feelin'
D
That tonight's gonna be a good night
F#m
That tonight's gonna be a good night
D
That tonight's gonna be a good, good night

De versie in A klinkt zo:

Verschillende soorten stemmen

Niet alle zangers zullen de hoogte waarop The Black Eyes Peas *I gotta feelin'* zingen prettig vinden liggen. Voor de ene stem ligt het origineel iets te hoog en voor een andere zanger juist te laag. Je weet echter nu welke akkoorden je moet spelen om het geheel omlaag of omhoog te zetten. Hoe meer akkoorden je kent, hoe meer mogelijkheden je hebt om een hoogte te vinden die goed ligt voor de zanger.

Les 27
Nogmaals Rihanna

Nu je het akkoord F#m kent, kun je ook *Diamonds* van Rihanna op een andere hoogte spelen. Je hebt dat nummer in eerste instantie als volgt geleerd:

```
          F     Am        G
So shine bright tonight, you and I
     G              Em            F
We're beautiful like diamonds in the sky
        Am    G
Eye to eye, so alive
     G              Em            F
We're beautiful like diamonds in the sky
```

Een hele toon hoger zijn dit de akkoorden:

```
          G     Bm        A
So shine bright tonight, you and I
     A              F#m           G
We're beautiful like diamonds in the sky
        Bm    A
Eye to eye, so alive
     A              F#m           G
We're beautiful like diamonds in the sky
```

Deze hogere versie klinkt als volgt:

We hebben nog onvoldoende akkoorden besproken om *Diamonds* een hele toon lager te kunnen spelen. Maar het lukt wel om het nummer vijf halve tonen lager te spelen:

```
        C    Em        D
So shine bright tonight, you and I
     D              Bm            C
We're beautiful like diamonds in the sky
       Em     D
Eye to eye, so alive
     D              Bm            C
We're beautiful like diamonds in the sky
```

Deze versie die start met het akkoord C klinkt zo:

Blok 4

Les 28
Een dertiende akkoord: E

Je gaat weer een nieuw akkoord leren. Ditmaal gaat het om E:

Je hebt eerder al het akkoord Em geleerd. Daarin speel je de toon g. In het akkoord E speel je de zwarte toets die daar net boven ligt, de *gis*.

Hier zijn een paar andere mogelijke liggingen voor het akkoord:

De drie liggingen van het akkoord klinken zo:

Imagine Dragons

Met het akkoord E kun je *Radioactive* van Imagine Dragons spelen. Voordat we daarnaar gaan kijken, noemen we nog even een begrip dat handig is om te kennen. Een aantal akkoorden bij elkaar noemen we: een akkoordenschema. Of kortweg: schema.

Het akkoordenschema van *Radioactive* is als volgt:

            Bm   D
I'm waking up, I feel it in my bones
     A   E
Enough to make my systems grow
     Bm   D
Welcome to the new age, to the new age
     A   E
Welcome to the new age, to the new age
     Bm D A   E
Woh, woh, I'm radioactive, radioactive

Het ritme voor de begeleiding kan eenvoudig zijn:

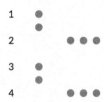

Je speelt basnoten op de eerste tel en direct daarna tussen de eerste en tweede tel. Vervolgens herhaal je vanaf de derde tel het ritmische figuur. De rechterhand speel je daarbij op de tweede en de vierde tel.

Met deze ritmes klinken de akkoorden ongeveer als volgt:

Dubbele basnoten

Het nummer *Radioactive* mag lekker heftig klinken. Je wilt de bas zo vet mogelijk hebben. Een goede techniek daarvoor is om alle basnoten in octaven aan te slaan. Je strekt je linkerhand en je slaat met pink en duim twee tonen aan die een octaaf uit elkaar liggen.

Je gaat uit van de tonen die je in de vorige versie speelde en daarbij pak je ook nog de tonen die een octaaf lager liggen. Bij het akkoord E bijvoorbeeld sla je met de linkerhand de volgende twee *e*'s tegelijkertijd aan:

Radioactive gaat met gedubbelde basnoten zo klinken:

Het ritme met de dubbele basnoten zouden we als volgt kunnen afbeelden:

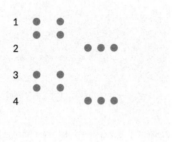

Afbeelding

Merk op dat je bij het akkoord Bm met de pink van je linkerhand nu een toon speelt die we niet meer kunnen aangeven op de afbeelding die we in dit boek gebruiken. In het plaatje is de laagste toon immers een *c*:

Gelukkig kun je op de piano gewoon nog verder naar beneden.

Les 29
De toonsoort van een nummer

We komen nu bij een belangrijk begrip voor het musiceren, namelijk toonsoorten. Elk nummer heeft een toonsoort. Die geeft aan welke toonladder er wordt gebruikt en wat het centrale akkoord is.

Bijvoorbeeld, de toonsoort van *Fallin'* van Alicia Keys is E-mineur. Dat betekent dat de toonladder van E-mineur wordt gebruikt en dat het centrale akkoord Em is. (We kijken aan het eind van dit blok uitgebreid naar toonladders.)

Rustpunt

Het centrale akkoord van een nummer geeft rust in de klank. De andere akkoorden leveren een vorm van muzikale spanning, die pas wordt opgelost als het centrale akkoord opnieuw klinkt.

Over het algemeen komt in een nummer het centrale akkoord het meest voor. In veel gevallen begint en eindigt een nummer ook met dat akkoord.

Eric Clapton

Laten we eens kijken hoe dat zit bij *Wonderful tonight* van Eric Clapton. De toonsoort daarvan is G-majeur. Dus wordt de toonladder van G-majeur gebruikt en is het centrale akkoord G. In het refrein komen daarnaast de akkoorden C, D en Em voor:

C   D   G   Em
And then she asks me: do I look alright?
C   D   G
And I say yes, you look wonderful tonight

Aan het eind van het refrein klinkt het akkoord G en het nummer eindigt daar ook mee. Als het nummer op C of D zou stoppen, dan zou dat een vreemd effect geven en zou het nummer onaf voelen:

Andere nummers

We hebben in deze les gezien dat nummers over het algemeen een centraal akkoord hebben. Dat geldt ook voor nummers die we in de voorgaande lessen besproken hebben. *The first cut is the deepest* van Sheryl Crow begint met het akkoord C en eindigt daar ook mee. *Complicated* van Avril Lavigne begint en eindigt met het akkoord Dm. *The winner takes it all* van Abba en *Price tag* van Jessie J beginnen en eindigen met het akkoord F. Enzovoorts.

Hoogte

We hebben in eerdere lessen al gezien dat je nummers omhoog en omlaag kunt schuiven. De toonsoort schuift dan natuurlijk mee. Je hebt bijvoorbeeld *I gotta feelin'* van The Black Eyed Peas op drie hoogtes gespeeld. De toonsoort van de originele versie die je hebt geleerd was G-majeur. De toonsoort van de versie die een hele toon lager staat, is F-majeur. En de toonsoort van de versie die een hele toon hoger staat, is A-majeur.

Dat wil zeggen dat de toonsoort informatie geeft over de hoogte van een nummer. Als je een ervaren zanger gaat begeleiden, zal je met die persoon dus afspreken in welke toonsoort je het nummer gaat spelen.

Eerste akkoord

Vaak geeft het eerste akkoord van het schema de toonsoort aan, maar dat is niet altijd zo. In *Wonderful tonight* van Eric Clapton bijvoorbeeld begint het refrein met het akkoord C, hoewel de toonsoort G-majeur is. En in *Diamond* van Rihanna begint het refrein met het akkoord F, terwijl het nummer in A-mineur staat.

Voortaan zullen we bij elk nummer even de toonsoort aangeven, zodat je je daarvan bewust van bent.

Les 30
Baslijnen

We hebben in een eerdere les gezien dat je in de linkerhand niet alleen de grondtoon van de akkoorden speelt. Je kunt soms ook andere tonen gebruiken. We zagen dat het vooral goed klinkt om tonen te pakken die naar de grondtoon van het volgende akkoord lopen. In het algemeen werkt het fijn om te variëren in die verbindende basnoten, zodat de muziek afwisselend blijft.

Bill Withers

In sommige nummers heeft de bas echter een hele herkenbare lijn die je precies zo wilt spelen als in het origineel. Een goed voorbeeld daarvan is *Ain't no sunshine* van Bill Withers. Laten we om te beginnen de akkoorden van het nummer oefenen. Hier is het schema:

toonsoort: A-mineur

Am
Ain't no sunshine when she's gone

Am
It's not warm when she's away

Em
Ain't no sunshine when she's gone

Dm
And she's always gone too long

Am
Anytime she goes away

In dit nummer klinkt het fijn als je de linkerhand op de tel speelt en de rechterhand tussen de tellen in:

Als je op de eerste en derde tel steeds de grondtoon van het akkoord speelt, klinkt dat zo:

Extra tonen in de bas

Je merkt dat de begeleiding op deze manier toch niet zo lekker klinkt als in het origineel. De akkoorden gaan pas goed klinken als je in de linkerhand ook andere tonen speelt dan de grondtoon van de akkoorden. In het basloopje van het origineel klinkt er in het akkoord Am op de derde tel de *e* (onder de *a*) en op de vierde tel een *g*:

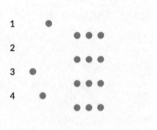

Deze bas klinkt als volgt:

Les 31
De septiem

Tot nu toe hebben we gekeken naar akkoorden met drie verschillende tonen. (Je speelde weliswaar vier toetsen, maar de grondtoon pakte je zowel in de linker- als de rechterhand.) We noemen zulke akkoorden: drieklanken.

Akkoorden kunnen echter ook een vierde of zelfs vijfde toon bevatten. We noemen zo'n toon die bij een drieklank komt: een toevoeging. In deze les leer je de toevoeging die het meest gebruikt wordt.

We hebben al gezien dat een akkoord in de basis bestaat uit de noten 1-3-5. Je kent inmiddels de namen van die drie tonen: de grondtoon, de terts en de kwint. De reeks 1-3-5 kun je verder verlengen naar de 7. We noemen die toevoeging: de septiem. (Die term is afgeleid van het Latijnse woord voor 'zevende').

Bm met septiem

Laten we kijken naar het akkoord Bm waar een septiem aan is toegevoegd. De drieklank Bm bestaat uit de drie tonen *b–d–fis*:

We voegen daarbij de septiem *a*:

Het akkoord Bm met daarbij een septiem duiden we aan met: Bm7. Het akkoord klinkt als volgt:

Andere liggingen

De ligging zoals die hierboven staat is niet de mooiste manier om het akkoord te spelen. Het klinkt fijner als je de *a* een octaaf lager pakt:

Je speelt nu in de rechterhand vier toetsen. De ligging is daardoor niet gemakkelijk te pakken. Maar er is een truc om dat op te lossen. Bij een akkoord met een septiem hoef je namelijk in de rechterhand niet altijd de grondtoon aan te slaan. Als je de grondtoon in de linkerhand speelt, mag je die toon rechts weglaten.

Je kunt het akkoord dus ook als volgt spelen:

Nu hoef je in de rechterhand maar drie tonen aan te slaan.

De twee laatste liggingen klinken zo:

Alicia Keys

In blok 1 heb je *Fallin'* van Alicia Keys leren kennen en je hebt het nummer gespeeld met Em en Bm. We hebben bij de kennismaking de akkoorden echter een beetje vereenvoudigd. Eigenlijk hoort er Bm7 te klinken in plaats van Bm. Het nummer wordt dus nog mooier als je het volgende schema speelt:

toonsoort: E-mineur

   Em   Bm7
I keep on fallin' in and out
   Em   Bm7
Of love with you

De begeleiding klinkt met Bm7 als volgt:

Met dit nieuwe akkoord klinkt het schema iets warmer en interessanter.

Les 32
Sunday Morning met Dm7

We hebben in een eerdere les gekeken naar *Sunday Morning* van Maroon 5. De akkoorden die je daarbij hebt geleerd waren Dm, G en C. Maar eigenlijk hoort het nummer gespeeld te worden met Dm7 in plaats van Dm.

Laten we kijken hoe je dat akkoord kunt spelen. In de drieklank Dm zitten de tonen *d–f–a*. Bij die drieklank voegen we de septiem *c*:

Andere liggingen

De bovenstaande versie klinkt niet zo boeiend, omdat alle noten braaf op elkaar zijn gestapeld in dezelfde volgorde als het akkoord is opgebouwd. Een meer bruikbare ligging is bijvoorbeeld met de *f* bovenin. We verschuiven daarvoor de tonen *a* en *c* een octaaf omlaag:

Zoals we in de vorige les hebben gezien, hoef je bij een septiem-akkoord in de rechterhand de grondtoon niet altijd te spelen. Pak je de grondtoon in de linkerhand, dan mag je die rechts weglaten:

De drie liggingen van het akkoord klinken zo:

Maroon 5

Nu je weet hoe je Dm7 pakt, kun je het schema van *Sunday morning* op de juiste manier spelen:

toonsoort: C-majeur

```
    C     Dm7 G  C
That may be all I need
              Dm7  G  C
In darkness she is all I see
               Dm7  G  C
Come and rest your bones with me
                Dm
Driving slow on Sunday morning
    G          C
And I never want to leave
```

De versie met Dm7 klinkt als volgt:

Het verschil met de vorige versie is niet gemakkelijk te horen. Maar misschien merk je wel dat het akkoord nu iets warmer klinkt dan voorheen.

Les 33
Perfect met Em7

We hebben in blok 2 het nummer *Perfect* van Pink besproken. De akkoorden die je daar-bij hebt geleerd waren G, D, Em en C. Maar om precies te zijn hoort er Em7 gespeeld te worden in plaats van Em. Een betere versie van het schema van *Perfect* is dus als volgt:

toonsoort: G-majeur

G
Pretty, pretty please
        D
Don't you ever, ever feel
        Em7
Like your less than
        C
Fuckin' perfect

Em met septiem

Laten we kijken hoe je het akkoord Em7 kunt spelen. De drieklank Em bestaat uit de tonen *e–g–b* en daarbij voegen we de toon *d*:

We hebben al eerder genoemd dat een ligging zoals deze met de septiem bovenin niet zo fijn klinkt. Mooier is het om bijvoorbeeld de g bovenin te spelen:

Als je de grondtoon in de rechterhand speelt, mag je die in de rechterhand weglaten:

De drie bovenstaande liggingen klinken als volgt:

De nieuwe versie van *Perfect* klinkt zo:

Les 34
Een nieuw akkoord: Eb

Je gaat weer een nieuw akkoord leren, namelijk Eb. Deze samenklank is opgebouwd op de toon *es*:

Je kunt het akkoord ook als volgt pakken:

De drie bovenstaande liggingen van Eb klinken zo:

Bob Marley

Met het akkoord Eb kun je nu *No woman, no cry* van Bob Marley begeleiden. Het schema is als volgt:

toonsoort: Bes-majeur

Bb F   Gm Eb
No woman, no cry
Bb F   Gm F
No woman, no cry
Bb F   Gm Eb
No woman, no cry
Bb F   Gm F
No woman, no cry

De stijl van dit nummer is reggae. Daarin speelt de gitarist korte accenten tussen de tellen. Op de piano kun je die accenten met je rechterhand spelen:

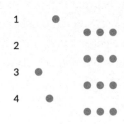

Met dit ritme klinkt de pianopartij als volgt:

Les 35
Toonladders

Je hebt een tijd terug de toonladder van C-majeur leren kennen. Die bestaat eenvoudigweg uit alle witte toetsen van *c* tot *c*:

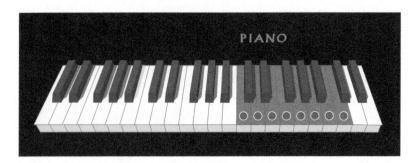

We hebben gezien dat er tussen de tonen van de toonladder verschillende afstanden zitten. Tussen *c* en *d* zit een hele toon, en tussen *d* en *e* ook, maar tussen *e* en *f* zit een halve toon. En aan het eind van de ladder zit nog een halve toon tussen *b* en *c*.

Omhoog schuiven

We gaan nu een andere toonladder bekijken, namelijk die van D-majeur. We gaan uit van de toonladder van C-majeur en we schuiven alles een hele toon omhoog. De *c* wordt dan een *d* en de *d* wordt een *e*. Deze eerste twee tonen komen dus weer op een witte toets uit. Maar bij de volgende toon is dat niet zo. Als we de *e* een hele toon omhoog schuiven, komen we uit op de *fis*. Dat wil zeggen dat er in de toonladder van D-majeur ook zwarte toetsen voorkomen.

Al met al ziet de toonladder van D-majeur er zo uit:

Je ziet dat er in deze toonladder nog een tweede zwarte toets zit en die noemen we in dit geval *cis*. In de toonladder van D-majeur zitten dus twee zwarte toetsen: *fis* en *cis*.

De ladder klinkt als volgt:

Wham!

Laten we opnieuw kijken naar *Last Christmas* van Wham!, omdat de toonsoort daarvan D-majeur is. Hieronder staat het schema van het nummer nog een keer:

toonsoort: D-majeur

    D
Last Christmas I gave you my heart
      Bm
But the very next day you gave it away
     Em
This year to save me from tears
         A
I'll give it to someone special

In de melodie van het nummer komen voornamelijk de tonen uit de toonladder van D-majeur voor. En voor de akkoorden geldt hetzelfde. In D en Bm speel je de *fis* en in A speel je de *cis*.

Onthouden

De akkoorden van een nummer volgen dus meestal de toonladder van het nummer. Als je de toonladder kent, wordt het makkelijker om de akkoorden te onthouden. Bijvoorbeeld, in de toonladder van *Last Christmas* zit een *cis*. Op het moment dat je een akkoord moet spelen op de grondtoon *a*, kun je verwachten dat er een *cis* in het akkoord zit en dat het dus om een majeur akkoord gaat en niet mineur.

Les 36
De toonladder van Bes-majeur

In de vorige les heb je de toonladder van D-majeur geleerd. We zijn daarvoor uitgegaan van C-majeur en we hebben alle tonen een hele toon omhoog geschoven. Nu gaan we alle tonen een hele toon omlaag schuiven. We komen dan uit op de toonladder van Bes-majeur:

De *c* is verschoven naar *bes*, de *d* naar *c*, de *e* naar *d*, de *f* naar *es*, enzovoorts. In deze toonladder komen — net als in D-majeur — twee zwarte toetsen voor. Deze toetsen duiden we in dit geval aan met *bes* en *es*.

De toonladder klinkt als volgt:

Bob Marley

We zijn in de voorgaande lessen één nummer tegengekomen in de toonsoort Bes-majeur, namelijk *No woman, no cry* van Bob Marley. Laten we kijken of de akkoorden daarvan passen in de toonladder van Bes-majeur. Hier is nogmaals een deel van het schema van het refrein:

toonsoort: Bes-majeur

```
Bb   F    Gm    Eb
No woman, no cry
Bb   F    Gm    F
No woman, no cry
```

In de akkoorden Bb, Gm en Eb komen de zwarte toetsen *bes* en *es* voor. In dit nummer volgen de akkoorden, zoals we al verwachtten, dus netjes de toonladder.

Verhoogde en verlaagde tonen

We hebben gezien dat in de toonladder D-majeur de zwarte toetsen *fis* en *cis* voorkomen en in de toonladder van Bes-majeur *bes* en *es*. In D-majeur komen dus verhoogde tonen voor en in Bes-majeur verlaagde tonen. Hoe kun je nu weten of je in een toonladder de zwarte toetsen moet benoemen als verhoogde of verlaagde tonen?

De regel is dat elke toon in een toonladder is afgeleid van een andere witte toets. In de toonladder van D-majeur komt een *g* voor. De naam van de zwarte toets tussen *f* en *g* kan daarom niet worden afgeleid van *g* en moet dus *fis* worden genoemd:

En in de toonladder Bes-majeur zit al een *d*. Dus kan de zwarte toets die daarboven ligt niet een *dis* zijn en moet het een *es* zijn:

Overzicht

Akkoorden

Toonladders

Nummers

Woordenlijst

A

Akkoord Samenklank, meestal opgebouwd uit een grondtoon, een terts en een kwint, en eventuele toevoegingen.

Akkoordenschema Alle akkoorden die horen bij een nummer.

Akkoordovergang Wisseling tussen twee akkoorden. Over het algemeen klinkt het mooi om (daar waar mogelijk) tonen te laten liggen en zo klein mogelijke sprongen te maken.

Akkoordwisseling Akkoordovergang.

Alteratie ❶ Toon uit een toonladder die omhoog of omlaag is verschoven. ❷ Toon uit een akkoord die een halve toon omhoog of omlaag is geschoven.

Arpeggio Gebroken akkoord.

C

Couplet Gedeelte van een popnummer dat meerdere keren wordt gezongen, maar met verschillende tekst. In de typerende pop-vorm klinkt het couplet voor het refrein. Meestal is het couplet rustiger dan het refrein en is het meer verhalend.

D

Dim-akkoord Jazzy akkoord dat bestaat uit vier tonen waartussen telkens een kleine terts zit, aangeduid met dim. Bijvoorbeeld, in het akkoord Gdim zitten de tonen *g–bes–des–e*. Een dim-akkoord wordt ook aangeduid met een kleine rondje rechtsboven, zoals in G°.

Drieklank Akkoord dat bestaat uit maar drie tonen, de grondtoon, terts en kwint. Een drieklank heeft dus geen toevoegingen.

G

Gebroken akkoord Akkoord waarvan de tonen niet worden aangeslagen, maar na elkaar. Meestal worden de tonen daarbij van onder naar boven gespeeld.

Grondtoon ❶ Toon waarop een toonladder is opgebouwd. ❷ Toon waarop een akkoord is opgebouwd. In veel gevallen wordt er op de grondtoon een terts en een kwint gespeeld.

Grote secunde   Hele toon.

Grote sext   Afstand van negen halve tonen, zoals in *c–a*.

Grote terts   Afstand van vier halve tonen, zoals in *c–e*.

H

Halfverminderd septiem   Jazzy akkoord met een verminderde kwint en een septiem. Bijvoorbeeld, in het akkoord Gm7-5 zitten de tonen *g–bes–des–f*. Een halfverminderd septiem wordt ook aangeduid met een kleine cirkel met een streep erdoor, zoals in G$^{\varnothing}$.

Halve toon   Afstand van twee toetsen die direct naast elkaar liggen, dat wil zeggen, zonder (witte of zwarte) toets ertussen. Bijvoorbeeld, *c* en *des* liggen een halve toon van elkaar.

Hele toon   Afstand van twee tonen waartussen één (witte of zwarte) toets ligt. Bijvoorbeeld, *c* en *d* liggen een hele toon van elkaar.

I

Interval   Afstand tussen twee tonen.

K

Kleine none   ❶ Afstand van een octaaf plus een halve toon, zoals de afstand van c tot de des in het octaaf daarboven. ❷ Jazzy toevoeging die een kleine none boven de grondtoon ligt, aangeduid met -9. Bijvoorbeeld, in het akkoord G-9 is de toon as de kleine none.

Kleine secunde   Halve toon.

Kleine sext   Afstand van acht halve tonen, zoals in *c–as*.

Kleine terts   Afstand van drie halve tonen, zoals in *c–es*.

Kwart   Afstand van vijf halve tonen, zoals in *c–f*.

Kwint   ❶ Afstand van zeven halve tonen, zoals in *c–g*. ❷ Derde toon in een drieklank.

L

Ligging   Manier waarop je een akkoord speelt op de piano. Bijvoorbeeld, het akkoord G kun je pakken met de toon *d* bovenin, maar ook met *b* of *g* bovenin.

M

Majeur   Toonsoort waarin een grote terts voorkomt. Bijvoorbeeld, in de toonsoort D-majeur zitten de tonen *d–e–fis–g–a–b–cis–d*.

Majeur akkoord   Akkoord met een grote terts, zoals in *g–b–d*. Als er bij een akkoord geen m staat, is het majeur.

Majeur septiem   Toevoeging die een halve toon onder de grondtoon ligt, aangeduid met maj7. Bijvoorbeeld, in het akkoord Gmaj7 is dit de toon *fis*. Deze toevoeging kun je ook aangeven met een hoog driehoekje, zoals in G$^{\triangle}$.

Mineur   Toonsoort waarin een kleine terts voorkomt. Bijvoorbeeld, in de toonsoort D-mineur zitten de tonen *d–e–f–g–a–bes–c–d*.

Mineur akkoord Akkoord met een kleine terts, aangeduid met een 'm'. Bijvoorbeeld, in het akkoord Gm zitten de tonen *g–bes–d*.

N

Negen None.

None ❶ Afstand van een octaaf plus een hele toon, zoals de afstand van *c* tot aan de *d* in het octaaf daarboven. ❷ Toevoeging die een hele toon boven de grondtoon ligt. Bijvoorbeeld, in het akkoord G9 is de toon a de none.

O

Octaaf Afstand van twaalf halve tonen. Dit is de afstand van een toon tot de eerstvolgende daarboven of daaronder met dezelfde naam.

Octaveren Tonen een of meerdere octaven verschuiven.

Overmatige kwart Afstand die een halve toon groter is dan een kwart, dus zes halve tonen. Een overmatige kwart klinkt hetzelfde als een verminderde kwint.

P

Pedaal Korte aanduiding voor het rechterpedaal van de piano, waarmee je tonen door laat klinken.

R

Refrein Gedeelte van een popnummer dat herhaald wordt met dezelfde tekst. In de typerende pop-vorm komt het refrein na één of twee coupletten. Meestal is het refrein uitbundiger dan het couplet en zit daarin meer tekstherhaling.

Reine kwint Afstand van zeven halve tonen. Vaak wordt de reine kwint eenvoudigweg 'kwint' genoemd.

S

Samenklank Meerdere tonen die tegelijkertijd klinken.

Schema Akkoordenschema.

Septiem ❶ Afstand van tien halve tonen, zoals van c tot de bes daarboven. ❷ Toevoeging die een hele toon onder de grondtoon ligt, aangeduid met een 7. Bijvoorbeeld, in het akkoord G7 is *f* de septiem.

Sext ❶ Afstand van acht of negen halve tonen, zoals in *c–as* of *c–a*. ❷ Toevoeging die een hele toon boven de kwint ligt, genoteerd met een 6. Bijvoorbeeld, in het akkoord G6 is de toon *e* de sext.

Slash-akkoord Akkoord waarbij een andere toon dan de grondtoon in de bas gespeeld hoort te worden. De basnoot is genoteerd achter een schuine streep. Bijvoorbeeld, in het akkoord G/B klinkt de toon *b* in de bas in plaats van *g*.

Sus4 Verandering van een akkoord, waarbij er in plaats van de terts een kwart wordt gespeeld. Dit type akkoord wordt aangegeven met sus4. Bijvoorbeeld, in het akkoord Gsus4 zitten de tonen *g–c–d*.

T

Terts ❶ Afstand van drie of vier halve tonen. In het eerste geval gaat het om een kleine terts en in het tweede geval om een grote terts. ❷ De toon in een akkoord die een terts boven de grondtoon ligt.

Tertsstapeling Meerdere tonen boven elkaar waartussen telkens een terts zit. Akkoorden zijn in principe tertsstapelingen, waarbij de tonen worden aangeduid met 1–3–5, enzovoorts.

Toevoeging Toon die bij een akkoord gespeeld kan worden om de klank rijker te maken. Toevoegingen zijn vaak afkomstig uit de tertsstapeling, zoals 7–9–11–13. Toevoegingen worden na de drieklank genoteerd, zoals in G7, en soms worden ze daarbij ook hoog genoteerd, zoals in G7.

Toonladder Reeks van zeven verschillende tonen die hoort bij een bepaalde toonsoort. Bijvoorbeeld, de toonladder van C-majeur bestaat uit alle witte toetsen van *c* tot *c*.

Toonsoort De toonsoort van een nummer geeft aan wat de grondtoon van de gebruikte toonladder is en of de toonladder majeur of mineur is. Bijvoorbeeld, heeft een nummer de toonsoort D-mineur, dan is *d* de grondtoon van het nummer en wordt de mineur toonladder gebruikt.

V

Verbindende basnoten De term die we in deze app hebben bedacht voor tonen die je in de linkerhand speelt vlak voor een nieuwe grondtoon.

Verminderd Afstand die een halve toon kleiner is geworden. Bijvoorbeeld, een verminderde kwint is een halve toon kleiner dan een reine kwint.

Verminderd akkoord Akkoord met een verminderde kwint. Deze toon wordt aangegeven met −5. Bijvoorbeeld, in het akkoord Gm−5 zitten de tonen *g–bes–des*.

Verminderde kwint Afstand die een halve toon kleiner is dan de kwint, dus zes halve tonen. Een verminderde kwint klinkt hetzelfde als een overmatige kwart.

Verminderd septiem-akkoord Dim-akkoord.

Z

Zes Toevoeging van een sext.

Zeven Septiem.

App

De lessen in dit boek zijn ontleend aan de app 'Akkoorden op de piano' voor iPhone en Android. Meer informatie over de app kun je vinden op *www.akkoordenopdepiano.nl*.

Printed in Great Britain
by Amazon

33095076R00059